Richard Scarry

Mein kleines Wörterbuch

Traktor

Pflug

© 1987 by Richard Scarry.
All rights reserved under international and Pan-American Copyright Conventions.
Originaltitel: *Lowly Learns Words*, erschienen bei Random House, Inc., New York.
Für die deutsche Ausgabe: © 1989 Delphin Verlag GmbH, München. Alle Rechte vorbehalten.
ISBN 3.7735.5423.0

Delphin

Egon ist auf dem Bauernhof.

In der Schule lernt Egon alles, was mit Kleidung zusammenhängt.

Egon brät ein Spiegelei.
Ulrich wäscht das Geschirr ab.

Egon hat im Supermarkt ein Stück Wassermelone gekauft.

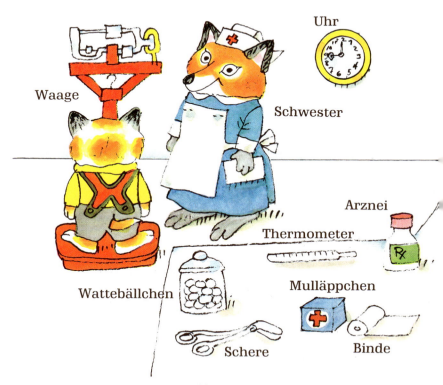

Egon und Ulrich gehen zum Arzt und lassen sich untersuchen.
Beide sind kerngesund.

Gutes Benehmen ist wichtig.
Kannst du dich benehmen? Hoffentlich.

Weinen wollen wir möglichst nicht.

Manchmal schläft Papa auf dem Sofa.

Egon sieht fern.

Viele Autos fahren auf der Straße.

Postauto

Taxi

Apfelauto

Polizeiauto

Alle unsere Freunde sind gute Seeleute.

Polizeiboot

Fischerboot

Leuchtboje

Egon ist jetzt Kapitän
auf einem Schlepper.

Egon hat sein Apfelauto zu Hause
in die Garage gefahren.

Die Sonne scheint!
Alle haben gute Laune.